Eingebettet zwischen sanfte Hügelketten und umkränzt von der Havel, die gleich einer Perlenkette mehrere kleine Seen aneinanderreiht, liegt das "Versailles des Nordens". In der 1000jährigen Stadt spürt man deutlich den Atem der Geschichte: prächtige Residenz der Hohenzollern, Schaltstelle absolutistischer Macht, Heimstatt religiöser Toleranz, Pflanzschule des preußischen Heeres, Wiege preußisch-deutschen Beamtentums, Kunststadt und Touristenmekka. Mit ihr verbunden sind auch "Der Tag von Potsdam" (1933) und die Potsdamer Konferenz (1945). Kaum eine andere Stadt spielte eine so wechselseitige Rolle in der deutschen Geschichte. Die Herkunft des Ortsnamens hingegen ist slawischen Ursprungs. "Poztupimi" ("Unter den Eichen") hieß die Slawensiedlung, die in der ersten urkundlichen Erwähnung Potsdams im Jahre 993 genannt ist. Eichen kann man im heutigen Stadtbild nur noch mit Mühe

Nikolaikirche

finden, aber dafür präsentieren sich in großer Zahl schmucke Bürgerhäuser und bezaubernde Parkanlagen mit ihren Schlössern aus vergangenen Epochen. Im Mittelalter kaum von Bedeutung, ist Potsdam erst im 17. Jahrhundert in das Licht der Geschichte gerückt: Friedrich Wilhelm, seines Zeichens Kurfürst von Brandenburg, ließ Potsdam zur Residenz ausbauen. Seine Nachfolger, inzwischen preußische Könige und später deutsche Kaiser, taten es ihm gleich. Namen wie Knobelsdorff, Schinkel und Lenné weisen auf den Stellenwert vieler Potsdamer Schöpfungen hin. Als noch im April 1945 ein schwerer Bombenangriff das Stadtzentrum erschütterte, ging nicht nur das Stadtschloß und die berühmte Garnisonkirche im Feuersturm unter. Vieles blieb jedoch auch erhalten, so daß sich Potsdam – heute Landeshauptstadt von Brandenburg – noch immer als unverwechselbare und sehenswerte Stadt präsentiert.

Brandenburger Straße, Peter-Pauls-Kirche

Im Herzen Potsdams erhebt sich am Alten Markt majestätisch die Nikolaikirche. Sie wurde in der ersten Hälfte des 19. Jahrhunderts nach Plänen von Karl Friedrich Schinkel errichtet und gehört zu den imposantesten Bauleistungen des Klassizismus in Deutschland. Im Krieg stark in Mitleidenschaft gezogen und später wiederhergestellt, bestimmt das 78 m hohe Bauwerk mit seiner gewaltigen Kuppel heute maßgeblich die Silhouette der Stadt.

In Anlehnung an römische Triumphtore wurde 1770 an der Ausfallstraße nach Brandenburg das Brandenburger Tor erbaut. Rechts und links davon schloß sich bis zum 19. Jahrhundert eine ca. 3,70 m hohe Stadtmauer an. Hinter dem Tor beginnt heute eine als Fußgängerzone gestaltete Geschäftsstraße, die nach 720 m an der katholischen Peter-Pauls-Kirche endet. Der markante Kirchturm erinnert an den Kampanile von San Zeno Maggiore in Verona / Italien.

Brandenburger Tor

Hiller-Brandtsche Häuser

Um seine Residenzstadt repräsentativ erscheinen zu lassen, ließ Friedrich II. zahlreiche Bürgerhäuser mit prächtigen Schaufassaden errichten oder diese noch nachträglich mit solchen verkleiden. So wurden auch die Fassaden der Wohnhäuser vom Kaufmann Hiller und vom Schneider Brandt nach einem Entwurf für ein Banketthaus am Schloß Whitehall in London gestaltet. Der Mitteltrakt war für die Einquartierung von Soldaten bestimmt.

Portal des „Langen Stalls"

Auf Befehl Friedrich Wilhelms I. entstand für Schlechtwettertage ein 150 m langer Reit- und Exerzierstall, dessen Eingang unter Friedrich II. mit einem repräsentativen Portal verziert wurde. Neben dem Portal stand einst die Garnisonkirche, in deren Gruft bis 1943 die Särge der beiden Preußenkönige aufgestellt waren. Vom 88,4 m hohen Trum erklang seit 1797 als Glockenspiel Mozarts Papageno-Arie ("üb' immer Treu und Redlichkeit ...").

▲ *Hiller-Brandtsche Häuser*

▲ *Portal des "Langen Stalls"*

▼ *Filmmuseum*

Das Filmmuseum ist das einzig erhaltengebliebene Bauwerk des Stadtschlosses. Ursprünglich 1685 als Orangerie für den Lustgarten am Stadtschloß errichtet, wurde es später unter dem Soldatenkönig zum Marstall umgebaut. Heute ist im Inneren eine Ausstellung zur Filmgeschichte zu sehen, denn Potsdam ist auch Filmstadt. Im Ortsteil Babelsberg befinden sich die DEFA-Filmstudios, die bereits 1917 als UFA gegründet worden sind.

Der Alte Markt war einst der städtische und architektonische Mittelpunkt Potsdams. Eingefaßt vom Stadtschloß, der Nikolaikirche, dem Alten Rathaus, dem "Palast Barberini" und anderen prächtigen Bürgerhäusern, zählte er bis zum 14. April 1945 zu den schönsten Plätzen Europas. Das Alte Rathaus entstand 1753-55 unter Friedrich II., der den Alten Markt nach italienischen Vorbildern gestalten ließ.

Altes Rathaus am Alten Markt

Für die Unterbringung von Soldatenwaisen und Kindern aus verarmten Soldatenfamilien ließ Friedrich Wilhelm I. 1722 ein Militärwaisenhaus gründen, dessen Hauptbau unter Friedrich II. in einen repräsentativen Gebäudekomplex umgewandelt wurde. Neben der "Erziehung zur Arbeit" in den umliegenden Manufakturen lernten die Knaben hier bereits frühzeitig das Exerzieren, denn auf sie wartete später der Dienst in der preußischen Armee.

Erst im 18. Jahrhundert wurde Potsdam mit einer Stadtmauer umgeben, die jedoch weniger als militärischer Schutz gedacht war, sondern vielmehr die Potsdamer Soldaten am Desertieren und unredliche Zeitgenossen am Schmuggeln hindern sollte. Als Teil der Stadtmauer wurde 1755 das Nauener Tor unter Verwendung neogotischer Formen gestaltet. Es ist damit das erste Bauwerk der von England ausgegangenen Neogotik auf dem europäischen Kontinent.

▲ *Ehemaliges Militärwaisenhaus* ▼ *Nauener Tor*

Inmitten des historischen Stadtkerns fühlt man sich plötzlich nach Holland versetzt. Um holländische Handwerker nach Potsdam zu locken, wurden 1734-42 insgesamt 134 Wohnhäuser im Stile holländischen Bürgerbarocks erbaut. In seiner Größe und Geschlossenheit gilt es heute als einmalig in der Welt. Nach der Fertigstellung des Viertels kamen jedoch nicht so viele Holländer nach Potsdam wie erwartet, so daß in diese Häuser später auch Potsdamer Handwerker, Künstler und Soldaten mit ihren Familien einzogen. Im Jahre 1906 erwarb im Holländischen Viertel beim Altwarenhändler Remlinger ein Schuster namens Voigt eine Hauptmannsuniform und begann damit seine Karriere als "Hauptmann von Köpenick": Er kommandierte sich 10 Soldaten von der Straße weg, ließ von ihnen den Köpenicker Bürgermeister festsetzen und "beschlagnahmte" die Köpenicker Stadtkasse.

Potsdamer Hafen

Für die rund 140000 Einwohner Potsdams bieten die in reizvoller Landschaft gelegenen Havelseen zahlreiche Möglichkeiten, am und auf dem Wasser Entspannung zu finden. Natürlich trifft man auch viele Berliner, die nicht selten mit einem Ausflugsschiff in Potsdam ankommen oder mit dem eigenen Boot die Potsdamer Gewässer erkunden. Besonders beliebt sind Seenrundfahrten, die gerade unter Urlaubern und Touristen großen Anklang finden.

Pumpstation für Sanssouci ▶

Nicht selten sieht man staunende Betrachter vor dem Bauwerk an der Neustädter Havelbucht, das, einer maurischen Moschee nachempfunden, Erinnerungen an die Märchen aus 1001 Nacht erweckt. Von seinem schlanken Minarett hat allerdings nie ein Muezzin zum Gebet aufgerufen, sondern der ganze "Märchenzauber" ist lediglich die Pumpstation für die Fontainen von Sanssouci und das Minarett der Schornstein einer alten ausgedienten Dampfmaschine.

Vielgestaltig sind die Architekturformen Potsdams. Als "Schule der Architektur" wurde die Stadt bereits im 18. Jahrhundert bezeichnet. In ihr steht heute auch eines der wenigen Werke expressionistischer Baukunst in der Welt: der Einsteinturm. Er wurde 1920/21 nach einem Entwurf des Architekten Erich Mendelsohn auf dem Potsdamer Telegrafenberg errichtet. Benannt ist er nach dem genialen Schöpfer der Relativitätstheorie – Albert Einstein. Mit Hilfe eines Spektrographen und eines Sonnenteleskops ließ Einstein in dem Turm experimentelle Untersuchungen zum Nachweis der in seiner "Allgemeinen Relativitätstheorie" enthaltenen völlig neuen Aussagen über das Wesen der Gravitation durchführen. Er selbst bewohnte 1929-32 in den Sommermonaten ein kleines Landhaus in der nahegelegenen Ortschaft Caputh, das in jenen Tagen zu einem Treffpunkt internationaler Persönlichkeiten wurde.

An ein gemeinsames Kapitel preußisch-russischer Waffenbrüderschaft erinnert die Russische Kolonie "Alexandrowka" im Norden Potsdams. Sie wurde 1826 für russische Soldaten gegründet, die während der Napoleonischen Befreiungskriege in der preußischen Armee gegen Frankreich gekämpft hatten. Ursprünglich waren sie Kriegsgefangene eines preußischen Hilfskorps, das zu Beginn des Rußlandfeldzuges Napoleon unterstützte und später auf die Seite Rußlands übergetreten war. 62 Soldaten wurden zu einem russischen Sängerchor formiert und nach Kriegsende in Potsdam dem 1. Garderegiment zu Fuß angegliedert. 1826 legte man für die noch verbliebenen russischen Soldaten, die inzwischen auch Familien gegründet hatten, eine Siedlung in Form eines russischen Militärdorfes an. Außer den 13 Häusern mit Gärten und Stallungen wurde in der Nähe sogar eine russische Kirche erbaut.

▲ Rückkehr Friedrichs II. vom Manöver (Gemälde von E.F. Cunningham um 1785)

Idyllisch auf einem Weinberg gelegen, flankiert von Gartenpavillons und Lärchenhainen erblickt man Schloß Sanssouci, die Sommerresidenz Friedrichs II. von Preußen. Das Rokokoschloß wurde 1745-47 nach einer Skizze des Königs und Entwürfen seines Baumeisters Knobelsdorff errichtet. Ein Jahr zuvor war mit der Terrassierung eines natürlichen Hügels als erstes der Weinberg und damit gleichsam das Kernstück der Gesamtanlage entstanden. OHNE SORGE (SANS-SOUCI) wollte der "Alte Fritz" hier leben. In den folgenden drei Jahrzehnten ließ er den Park durch weitere Bauwerke und Gartenschöpfungen vervollständigen und für sich seitlich am Schloß sogar eine Gruft als letzte Ruhestätte anlegen. Im 19. Jahrhundert noch beträchtlich erweitert, zählt Sanssouci heute mit 7 Schlössern und einer Fläche von ca. 290 ha zu den bedeutendsten und größten Parkanlagen Europas.

Schloß Sanssouci mit Weinberg

Unter der Schloßkuppel "tagte" einst im Oval des Marmorsaales die berühmte "Tafelrunde von Sanssouci". Zwischen korinthischen Säulen aus Carrara wurde soupiert, diskutiert und philosophiert. Der bekannte französische Philosoph Voltaire war neben dem König Mittelpunkt einer geistvoll parlierenden Herrenrunde. Seine philosophischen Neigungen hatte Friedrich bereits als Kronprinz mit dem "Antimachiavell" kundgetan.

In Anlehnung an das Turmkabinett seiner Kronprinzenresidenz in Rheinsberg ließ Friedrich die Bibliothek im Schloß Sanssouci gestalten. Der Raum schafft durch seine Farbgebung und wohlproportionierten Maße eine Atmosphäre der Ruhe und geistigen Konzentration. Insgesamt besaß Friedrich II. 8 Bibliotheken, zu deren Bestand überwiegend französische Literatur des 17./18. Jahrhunderts sowie Werke der Antike in französischer Übersetzung gehörten.

▲ *Flötenkonzert Friedrichs II. (von Adolf Menzel)*

▼ *Bildergalerie*

Neben der Philosophie galt das Interesse des Königs auch der Musik. Friedrich II. komponierte und musizierte; letzteres mit Vorliebe im Konzertzimmer seines Weinbergschlosses, einem architektonischen Kleinod des norddeutschen Rokoko. Einhundert Jahre später hatte unter Friedrich Wilhelm IV. der Berliner Maler Adolph von Menzel noch einmal ein Flötenkonzert und eine "Tafelrunde" in den historischen Räumlichkeiten nachempfunden.

Unmittelbar nach Beendigung des Siebenjährigen Krieges entstand 1763-69 das Neue Palais. Friedrich, den man bereits nach dem Zweiten Schlesischen Krieg "den Großen" nannte, wurde in der dritten militärischen Auseinandersetzung um Schlesien durch den Tod der russischen Zarin Elisabeth gerade noch vor dem sicheren Untergang bewahrt. Er läßt nun einen riesigen Schloßkomplex entstehen, dessen Bau zwar schon vor dem Krieg geplant war, die Ausführung jedoch bringt

Durchblick zum Neuen Palais

den gewaltigen Triumph über diesen nicht verlorenen Krieg in überschwenglicher Weise zum Ausdruck. Er selbst nannte das Palais später eine "Fanfaronade" (Prahlerei), was nicht zuletzt auch an den gegenüberliegenden Communs – den Wirtschaftsgebäuden – zu erkennen ist. Deren Vorderseite wurde mit prächtigen Schaufassaden verkleidet, wodurch sie wie eigenständige kleine Schlösser erscheinen. Gerade dieser Prunk bewog wohl auch den letzten deutschen Kaiser, Wilhelm II., das Neue Palais als sommerliche Familienresidenz zu nutzen, was neben einer Modernisierung (Bäder, Toiletten etc.) noch die Errichtung weiterer Gebäude im Umfeld zur Folge hatte. Der Ehrenhof des Neuen Palais stellt eine großartige Kulisse für die Aufführung der 9. Sinfonie von Beethoven dar, die jährlich den krönenden Abschluß der im Juni stattfindenden Parkfestspiele bildet.

Wohl kaum ein anderer Raum im Neuen Palais zieht die Aufmerksamkeit der Besucher so auf sich wie der Grottensaal. Grotten und Grottensäle widerspiegelten gerade im Rokoko das Streben nach einem innigen Verschmelzen von Natur und Architektur. Daneben waren sie aber auch bevorzugte Orte für gesellschaftliche Vergnügungen und "Schäferspielchen". Zu Zeiten Friedrichs II. war der Grottensaal noch nicht so kostbar bestückt wie heute. Lediglich Tropfsteinimitationen, Marmor, Quarzkristalle, Hüttenprodukte und Muscheln zierten den Raum. Erst in der 2. Hälfte des 19. Jahrhunderts erfolgte eine großzügigere Ausgestaltung. Jetzt beherbergt der Saal neben unzähligen Muscheln über 20000 verschiedene Mineralien, Gesteine, Fossilien und Hüttenprodukte, darunter zahlreiche Edelsteine, verkieselte Hölzer, Ammoniten, Berggold und Marmorinkrustationen.

Der Marmorsaal überrascht durch seine überdimensionale Größe. Er diente als Festsaal und wurde dem Marmorsaal des Potsdamer Stadtschlosses nachgestaltet. In 16 m Höhe befindet sich ein riesiges Deckengemälde mit einer Fläche von 240 m^2. Aus dem Marmorsaal hat man einen reizvollen Blick in die 2,3 km lange Hauptallee, die in Ost-West-Richtung den Park durchzieht und am gegenüberliegenden Ende von einem Obelisken begrenzt wird.

Obwohl im Neuen Palais bereits großzügige Gästeunterkünfte existierten, ließ Friedrich II. 1771-75 noch zusätzlich ein Orangeriegebäude in ein Gästeschloß umwandeln. Die Neuen Kammern entstanden dabei zugleich als Pendant für die Bildergalerie, und beide Gebäude bildeten nun einen wirkungsvollen äußeren Rahmen für das Schloß Sanssouci. Im Inneren wurden außer 7 Gästezimmern (4 Appartements) noch 4 prächtige Festsäle eingerichtet.

Die Chinoiserie (Chinamode), die gerade im 18. Jahrhundert ihren Höhepunkt erlebte, findet sich auch in Sanssouci in zauberhaften Formen wieder. Da China in jener Zeit überwiegend nur durch sagenumwobene Erzählungen und kostbare Waren (Porzellan, Seide, Gewürze etc.) bekannt war, stellte man sich das Land hauptsächlich als Paradies vor. Es wurden daher mit Vorliebe chinesische Pavillons in den Parks erbaut oder chinesische Kabinette in den Schlössern eingerichtet. Man begab sich gern hinein, erfreute sich an den Darstellungen, versuchte, sich ein wenig von den eigenen Problemen abzulenken und – im Paradies zu schwelgen. Wie weit die Menschen damals jedoch von China entfernt waren, sieht man an den Figuren am Teehaus recht gut. Die Gesichter sind eigentlich mehr europäisch gehalten, und auch die Kleidung ist im Grunde nur ein Phantasieprodukt der Künstler.

Neue Kammern und Historische Mühle

▲ Venus ▼ Chinesisches Teehaus ▲ Blumenrabatten am Schloß Charlottenhof

▲ *Schloß Charlottenhof*

▼ *Römische Bäder*

Nach dem Tode Friedrichs II. blieb es lange Zeit still in Sanssouci. Erst der Kronprinz und spätere König Friedrich Wilhelm IV. ließ ab 1826 im engen Zusammenwirken mit dem Gartenarchitekten Lenné und dem Baumeister Schinkel den Park im englischen Stil erweitern und durch Bauten, die sich an italienischen Vorbildern orientierten, ergänzen. Das Schloß Charlottenhof entstand dabei als Sommersitz des Kronprinzenpaares. Die nahegelegenen Römischen Bäder dienten nicht der Hygiene, sondern sie weisen als Teil einer musealen Scheinwelt lediglich auf die romantischen Sehnsüchte des Kronprinzen hin. "Der Romantiker" plante auch den Bau einer gewaltigen Triumphstraße am Nordrand des Parkes, die jedoch nur teilweise zur Ausführung kam. Die Orangerie wurde davon als größter Komplex realisiert, und sie stellt heute mit 300 Metern zugleich das längste Bauwerk in Sanssouci dar.

Orangerie

SEIN NAME WIRD GENANNT WERDEN:
WUNDERBAR, RATH, KRAFT, HELD, EWIG = VATER, FRIEDE = FUERST.
IESAIAS. IX v 6.
IN IHM WOHNET DIE GANZE FUELLE DER GOTTHEIT LEIBHAFTIG. COLOSSER. II v 9.

Nach Ideenskizzen Friedrich Wilhelms IV. entstand ab 1845 die Friedenskirche. Ihre Gestaltung läßt ebenfalls italienische Einflüsse erkennen. Im Innern befindet sich ein italienisch-byzantinisches Apsismosaik aus dem 12. Jahrhundert. Unter dem Altar wurden später in einer Gruft die Sarkophage des Königspaares aufgestellt. Neben der Kirche ruhen in einem Mausoleum der "99-Tage-Kaiser" Friedrich III. und seine Gemahlin Victoria.

Mit dem Müller der westlich vom Schloß Sanssouci gelegenen Mühle verbindet sich eine interessante Legende: Friedrich II., den das Geklapper der Mühle störte, wollte sie ihm wegnehmen. Der Müller, selbstbewußt und auf die Rechtssprechung im friderizianischen Preußen vertrauend, weigerte sich und verwies auf das Berliner Kammergericht. Der König, beeindruckt über solch großes Vertrauen in seine Justiz, änderte daraufhin sein Vorhaben.

Auf dem Weg nach Potsdam passiert der Besucher in der Nähe der Glienicker Brücke 2 verträumte Parkanlagen: zunächst Klein Glienicke und etwas später (am linken Ufer sichtbar) Babelsberg. Beide Anlagen entstanden etwa zur gleichen Zeit wie Charlottenhof in Sanssouci. Auftraggeber waren die Prinzen Karl und Wilhelm, Brüder Friedrich Wilhelms (IV.). Für beide Schlösser hatte Schinkel die Entwürfe geliefert. Das im Stil der Neogotik erbaute Schloß Babelsberg diente Wilhelm, seit 1861 preußischer König und seit 1871 deutscher Kaiser, bis zu seinem Tode als Sommersitz. Peter Loseph Lenné und Fürst Hermann von Pückler-Muskau schufen mit dem Babelsberger Park einen malerischen Landschaftsgarten. Um interessante Blickpunkte bemüht, wurden in ihm noch weitere historisierende Gebäude errichtet. Mit einer Fläche von rund 150 ha ist der Park heute die zweitgrößte Gartenschöpfung Potsdams.

Friedrich Wilhelm II., der Neffe und Thronfolger Friedrichs II., ließ sich als neuer König entsprechend auch eine neue Residenz anlegen. Am Heiligen See entstanden ab 1787 das Marmorpalais und der Neue Garten (benannt in bezug auf den "alten Garten" Sanssouci). Mehr an den Rockschößen seiner Mätressen als an der Politik interessiert, entwarf hier der "Dicke Wilhelm" mit seiner "Schönen Wilhelmine" (die von der Hofmusikantentochter Encke zur Gräfin Lichtenau avancierte) die Pläne für ihr gemeinsames Lustschloß auf der nahegelegenen Pfaueninsel. 100 Jahre später wurde das Marmorpalais als Kronprinzenresidenz genutzt, bis es jedoch für die Hofhaltung des Kronprinzen Wilhelm, Sohn des letzten deutschen Kaisers, nicht mehr ausreichte. Wilhelm II. ließ daher 1913-16 im Neuen Garten ein zweites Schloß entstehen – das nach der Kronprinzessin benannte Schloß Cecilienhof. Die Anlehnung an englische

▲ *Arbeitszimmer Stalins, sowjetische Delegation*

▲ *Arbeitszimmer Churchills / Attlees, britische Delegation* ▼ *Arbeitszimmer Trumans, amerikanische Delegation*

Landhäuser ist kaum zu übersehen, und auch die 55 verschieden geformten Schornsteine weisen darauf hin. Im Gegensatz zu seinem Vater, der nach der Revolution 1918 aus dem holländischen Exil nicht mehr zurückkehrte, zog der Exkronprinz bereits 1923 wieder in das Schloß ein, wo er auch bis Anfang 1945 wohnen blieb. Der nun folgende Sommer bescherte dem Haus einige neue "Gäste": Vom 17. Juli bis 2. August 1945 tagte im Schloß Cecilienhof die POTSDAMER KONFERENZ. Sie war die dritte und letzte Zusammenkunft der "Großen Drei" der Antihitlerkoalition. Die ersten beiden Treffen fanden bereits Ende 1943 in Teheran/Iran und Anfang 1945 in Jalta/Sowjetunion statt. 36 der insgesamt 176 Räume des Schlosses wurden für die Konferenz hergerichtet. Die Delegationen wohnten nicht im Cecilienhof, sondern in Villen von Potsdam-Babelsberg. Delegationsleiter waren die jeweiligen Staatschefs:

Historischer Konferenzsaal

Stalin (Sowjetunion), Truman (USA) und Churchill (Großbritannien). Letzterer wurde jedoch während der Konferenz durch Attlee abgelöst, der im Ergebnis der Unterhauswahlen gerade neuer Premierminister geworden war. Die Franzosen waren nicht zur Konferenz geladen, stimmten jedoch am 7. August 1945 nachträglich den Zielen und meisten Festlegungen des Potsdamer Abkommens zu. Die gefaßten Beschlüsse betrafen hauptsächlich Deutschland, und sie hatten als Schwerpunkte die Entmilitarisierung, Entnazifizierung, Dezentralisierung und Demokratisierung des Landes zum Inhalt. Auch wurde mit dem Potsdamer Abkommen – laut offiziellem Konferenzbericht – die Einheit Deutschlands angestrebt. Was folgte, war die Teilung. Fast ein halbes Jahrhundert sollte dann vergehen, bis am 3. Oktober 1990 die Wiedervereinigung zustande kam.